LIBERTÉ, ÉGALITÉ.

DISCOURS

Prononcé par le Citoyen MARIN, professeur de belles-lettres à l'École centrale du Département du Mont-Blanc, lors de la cérémonie funèbre, célébrée le 20 Prairial, an 7 de la République française, dans la Commune de Chambery, en exécution de la loi du 22 Floréal précédent, en mémoire des Citoyens BONNIER et ROBERJOT, chargés de négocier la paix à Rastadt, assassinés par la maison d'Autriche.

CITOYENS,

CE temple ne retentira donc pas aujourd'hui des chants d'alégresse et des concerts patriotiques, qui appelent, chaque décadi, les Républicains dans son enceinte; elle n'offre de tous côtés que les emblêmes de la douleur et de la mort. La Patrie est en deuil, et cet appareil lugubre présente à

A

la fois le silence et la nuit des tombeaux. Un forfait, dont les annales de l'humanité n'offrirent jamais d'exemple, a causé ces maux; il vient de priver la liberté de deux de ses soutiens, et le peuple de deux défenseurs zélés de ses droits.

Par combien de sentimens divers l'ame est déchirée ! Est-ce leur perte, ou la noirceur du crime abominable qui leur arracha la vie, qui doit seule fixer notre attention ?

M'arrêterai-je au détail des vertus patriotiques qui illustrèrent leur carrière, ou vous dévoilerai-je toute l'atrocité du crime qui nous les a ravis? Exciterai-je votre sensibilité ou votre indignation ? Appelerai-je la vengeance, ou me bornerai-je aux stériles expressions des regrets, seule consolation de l'amitié? Ou plutôt traçant avec rapidité l'esquisse des faits, devrons-nous fixer nos regards sur le spectacle de notre Patrie ?

Héros de la Liberté, vous qui avez versé tant de fois votre sang pour la défendre, je n'exposerai pas à vos yeux le tableau des vertus républicaines des deux patriotes, dont nous déplorons la perte: que pourrai-je citer, dont vous n'ayez donné l'exemple? Quel trait de courage, d'héroïsme et de patriotisme peut vous être inconnu ? Je ferai le portrait de chacun de vous; au récit même de leur trépas, je vous entendrai me répondre qu'ils sont heureux, puisqu'ils sont morts en servant leur Patrie.

Mais, si l'amitié a des droits, s'il est permis à celui qui a siégé avec eux dans cette assemblée à jamais célèbre que l'on a tant calomniée, qu'on admirera toujours, et qu'on n'égalera jamais ; s'il lui est permis de porter ses regards sur des individus, écoutez quelques réflexions sur mes deux malheureux collègues.

Les annales de la guerre nous offrent trop souvent le spectacle d'un corps mutilé par le fer ennemi ; mais quel corps fut plus maltraité que la Convention nationale, par les échafauds des factions, et les poignards des assassins ? Combien de fois n'a-t-elle dû son salut et celui de la Patrie, qu'à son énergie ? Combien de fois tous ses membres auraient reçu la mort, s'ils n'avaient pas eu le courage de l'affronter ! Pouvait-on penser que les poignards les atteindraient encore au-delà de leur carrière législative, et que la maison d'Autriche, fidelle à ses affreux principes, donnerait, sur la fin du dix-huitième siècle, un nouvel exemple d'un crime inouï chez les nations les plus barbares ?

Jean Debry seul a trompé les fureurs de ces cannibales, et rentré dans le sein de la représentation nationale, ses vertus et ses talens seront encore utiles à la Patrie et à la Liberté. En me taisant sur lui, je dois vous parler de ses deux collègues.

Le midi voulait rendre à la fois à la représentation nationale Condorcet et Mirabeau, il nomma Bonnier : l'érudition la plus vaste des talens réels, sa connaissance la plus profonde du cœur humain et des intérêts des peuples l'avaient, à juste titre, rendu célèbre dans la carrière du barreau. Si la faiblesse de son organe l'écarta de la tribune publique, la sagesse de ses conseils et son patriotisme brûlant sauvèrent, plus d'une fois, la Patrie, il envisageait le danger avec intrépidité et le sang froid le plus inaltérable.

Ministre de la morale, dans une secte intolérante et dominatrice, Roberjot passait sa vie à cultiver ces vertus douces, qui consolent le malheureux et adoucissent ses maux ; la révolution le rappela dans la société, il y apporta toutes les vertus qu'il avait pratiquées dans l'exercice du culte ; il les pratiqua comme citoyen, elles s'agrandirent même avec le cercle de ses relations. En mission auprès de l'armée de Sambre et Meuse, il veilla à ses besoins, et réchauffa son zèle. Chargé d'organiser les autorités dans la Belgique, il fit naître la confiance, ranima l'industrie, épura les mœurs, et rappela au sein de leurs foyers, ceux que la crainte en avait chassés. Ministre près la République batave, il y fut le protecteur et l'ami zélé des Patriotes. A Hambourg, ses vues philantropiques se dirigèrent vers les établissemens d'humanité, qu'il perfectionna.

Tels furent les hommes que le Directoire envoya pour représenter la Nation française au congrès de Rastadt. Ils y portèrent la loyauté et la franchise républicaine; ils voulaient fermer les plaies de l'Europe épuisée, et rendre la paix au monde. Ils sentaient le besoin de consoler la terre. Quel contraste avec la conduite de nos ennemis!

La République française avait pardonné au cabinet Britannique les jongleries diplomatiques de Malmesbury. Nos armées victorieuses ne demandaient pour prix de leurs conquêtes, qu'une paix honorable et l'affermissement de leur Liberté. On voulut la discuter, on pouvait la dicter. On voulut donner une troisième fois à l'Europe le spectacle de la trêve de 1609 et du congrès de Westphalie. On oublia l'esprit qui avait présidé à ces assemblées. L'histoire disait en vain qu'on négocia la paix sans la desirer; que chaque puissance se flattant de suppléer par des ruses aux forces qui lui manquaient, eut recours à tous les moyens du mensonge et de l'intrigue. En vain elle répétait aux Républiques, qu'en traitant avec les rois, elles n'ont d'autres modèles à suivre que Scylla dans la cour de Bocchus, ou le cercle de Popilius.

Le desir de la paix, l'espoir de procurer à la République la tranquillité et le bonheur, l'idée que nos ennemis, instruits par leurs défaites, consultant leurs véritables intérêts, chercheraient sincérement des moyens de pacification. Le desir bien prononcé de la part du Directoire, de procurer à la République une paix honorable, l'engagea à accéder à ce congrès.

Si l'éclat des campagnes des Français les dispensait de cette formalité, la dignité et la franchise républicaine les y assujettissaient. Ils voulaient prouver au monde que, s'ils avaient été forcés de prendre les armes pour le maintien de leur Liberté et l'affermissement de leur Constitution, ils n'avaient jamais eu d'autre but; que, si d'une main ils tenaient l'épée, ils avaient toujours porté de l'autre l'olivier de la paix. Après avoir vaincu l'ennemi par leur courage, ils voulurent les convaincre par la raison, et le fruit de 300 victoires, fut livré à une discussion diplomatique.

Combien la conduite de nos ennemis a été lâche et odieuse! Tous nos vœux tendaient à la paix; tous les leurs à la guerre. Plus aigris qu'accablés par leurs défaites, ils n'entrevirent dans ce congrès qu'un délai qui leur procurait les moyens d'employer tout ce que la perfidie, l'intrigue, la corruption, l'imposture et le crime ont de plus atroce. Nous respirions dans l'espoir de tarir les larmes de l'humanité, et de faire cesser l'effusion du sang humain. Nos ennemis nouèrent de nouvelles coalitions, environnèrent le gouvernement de tous les moyens de corruption, et de tous ceux qui pouvaient dénaturer ou cacher la vérité à ses yeux. Leurs infatigables émissaires et leurs agens actifs mirent tout en œuvre pour rallumer les feux de la guerre, et nous priver de tous moyens de défense. Quels maux ils nous ont causé !

Pendant qu'au congrès, le temps se prolongeait en discussions inutiles, les recrutemens se faisaient chez eux avec la plus grande activité. Une coalition nouvelle se formait, des plans d'attaque se combinaient avec le plus grand secret, se suivaient avec vigueur.

Que de moyens nos ennemis n'ont-ils pas employés, pour arrêter le courage des Républicains ? On a vu à la tête des opérations militaires, un homme (1) dont l'ineptie était déjà connue ainsi que l'immoralité, *Hoche l'avait dénoncé, Hoche est mort ? ? ? ?* Pendant que l'ennemi recrutait, il affaiblissait l'armée par des congés. Le

---

(1) *Scherer.*

gouvernement mit en exécution la loi sur la conscription militaire ; une jeunesse avide de gloire et brûlante de patriotisme se portait en foule aux frontières. Pour ralentir leur courage, les ennemis de l'intérieur, les émissaires de l'étranger tâchèrent de les abreuver de dégoûts et d'amertumes dès les premiers pas de leur carrière. On leur fit éprouver le besoin ; ils ne recevaient pas le juste salaire que la République leur accordait ; on ne s'empressa pas d'armer leurs bras ; et au lieu de seconder leur courage, et de le rendre utile à la Patrie par les exercices préliminaires qu'exige la tactique, on les exposa sans expérience à un ennemi dès long-temps aguerri.

Nos ennemis connaissaient parfaitement leurs moyens, ils calculaient avidement ceux de la République ; et nous, loin de connaître la force des armées ennemies, nous ne connaissions pas même les nôtres. On faisait payer à la République la solde de cadres complets, qui ne l'étaient pas. Des nuées de voleurs publics venaient dévorer la subsistance du soldat, et empêchaient que la vérité parvînt au Directoire, qui croyait payer au soldat, ce qu'il ne donnait qu'au fournisseur.

Les satellites de l'Autriche traînaient avec eux tous les vices inséparables de l'esclavage et de l'avilissement. Le soldat français savait supporter toutes les privations, vaincre tous les obstacles, donnait l'exemple de la générosité et du désintéressement. Cette conduite lui conciliait l'affection des Nations vaincues. Pour la lui ravir, une horde de vampires a suivi le char de nos victoires, comme un tigre suit sa proie, pour la dévorer et ruiner les peuples que l'armée française avait conquis ; nous leur apportions la Liberté, il la leur vendirent. Ce sont maintenant ces sang-sues qui gorgées d'or, fruit de leurs dilapidations, sont les ennemis et les détracteurs les plus acharnés du Gouvernement, à qui l'on peut faire le reproche de n'avoir pas eu le courage de punir leurs friponneries.

Le congrès de Rastadt continuait, et chaque jour les feuilles périodiques nous apportaient des notes et des réponses, vraies pièces de remplissage. Les ennemis, soit que leurs mesures ne fussent pas prises, soit que les circonstances ne leur fussent pas favorables, n'osaient pas éclater ; mais le vainqueur de l'Italie était loin de l'Europe avec l'élite de l'armée, et une partie des généraux qui avaient vaincu sous ses ordres. Notre flotte n'existait plus. Cet échec rendit l'espoir à nos ennemis ; ils levèrent le masque. Les rois de Naples et de Sardaigne, sentinelles perdues de la coalition, commencèrent l'attaque. Deux généraux, compagnons des victoires de Buonaparte, marchèrent contr'eux, leurs trônes furent anéantis; mais l'un de ces généraux a quitté le commandement de l'armée, l'autre a été traduit devant une commission militaire. Ils furent remplacés par cet homme dont l'incapacité ministérielle avait si fort favorisé les manœuvres de nos ennemis. L'Autriche alors ne garda plus aucune mesure. Deux échecs qui ne sont devenus funestes que par l'imprévoyance qui ne sait pas même s'assurer d'une retraite, et le peu d'exactitude à faire observer la discipline militaire, ont fait croire à l'Autriche que rien ne pouvait plus arrêter ses succès; elle a déployé toute l'atrocité de son caractère, elle a ordonné le crime horrible qui couvre aujourd'hui la République d'un crêpe funèbre.

Je ne vous en retracerai pas les détails, il n'est aucun de vous qui les ignore; je n'essayerai pas de vous en peindre l'horreur, il n'y a pas d'expression qui puisse rendre le frémissement d'indignation qu'il a excité, non-seulement chez tous les Français, mais encore chez tout ce qui tient à l'humanité; telle est la nature des grands crimes; il suffit de les nommer pour faire sortir du fond même des entrailles un cri d'horreur et d'effroi.

Les Nations les plus barbares ont respecté les ambassadeurs. Ce titre fut toujours sacré et leur personne inviolable; la moindre atteinte à leurs droits passait chez les anciens, non-seulement pour une injustice, mais encore pour une impiété. Leur personne, dit l'orateur de Rome, doit être respectée et inviolable au fort même de la mêlée, au milieu des traits et du choc des combattans. L'insulte la plus légère était punie de la peine la plus grave. Des jeunes Romains insultèrent les ambassadeurs de Vallonne, ils furent livrés entre leurs mains, pour être punis même du dernier supplice. Les Tyriens osèrent insulter les ambassadeurs d'Alexandre, ils furent tous passés au fil de l'épée. Il y a deux mille ans, à la place même où règne l'Empereur, une reine barbare, dont les états étaient plus vastes que les siens, fit égorger les ambassadeurs Romains : avant la fin de l'année cette reine fut aux fers, et son empire détruit. Puisse cette caverne de cannibales, que l'on appele maison d'Autriche, éprouver une vengeance plus terrible ! car son crime est encore plus atroce : il est caractérisé par toutes les circonstances de l'assassinat le plus froidement prémédité et le plus abominablement exécuté. Puisse son nom, placé à côté de celui des Busiris et des Nérons, suppléer à la pénurie de la langue pour exprimer le plus grand des forfaits !

Qu'un monument éternel placé sur tous les points de la République retrace sans cesse à tous Français le crime et la punition.

O ma Patrie ! en vain tes ennemis voudraient te précipiter tout-à-coup du faîte de la gloire dans la fange de l'esclavage ; en vain ils ont organisé un systême d'engourdissement, d'imprévoyance et d'erreur dont tu as pu être un moment la victime ; le génie de la Liberté n'a pas cessé de guider tes destinées. C'est à vous, Républicains, à sauver encore une fois la Patrie ; elle en appele à votre courage et à votre énergie. N'examinez pas quel prix vos services ont reçu jusqu'à présent ; ne vous rappelez pas de combien d'amertumes et de dégoûts on vous a continuellement abreuvés ; ne calculez pas les sacrifices que vous avez déjà faits. Tout doit céder à la voix de la Patrie ; n'oubliez pas que tout vrai patriote doit savoir mériter l'ingratitude des hommes et leur pardonner. Ne laissez pas ralentir ce zèle qui vous á portés à la frontière, à la première nouvelle de l'approche de l'ennemi.

Lorsqu'en quatre-vingt-douze de grands dangers menaçaient la Patrie, que les ennemis avaient envahi une partie de son territoire, un orateur s'élança à la tribune. De *l'audace*, s'écria-t-il, de *l'audace*, *et toujours de l'audace* ; à sa voix, la France vola aux frontières. On vit se former ces armées de Républicains qui ont vaincu l'Europe, et qui sont aujourd'hui le rempart assuré de la

Liberté française. Que ce mot se répète encore parmi nous ; et il produira la même énergie. C'est à nous à faire parvenir la vérité au Gouvernement : il ne l'apprendra pas des flatteurs qui l'entourent, ou des gens intéressés à le tromper ; mais des Républicains qui, placés près du danger, savent en mesurer toute l'étendue, et ont le courage de le braver. Il pourra alors déployer toute la force, dont la volonté du peuple l'a rendu le dépositaire.

C'est aussi à nous à seconder ses vues, en déjouant les complots liberticides de nos ennemis, en maintenant la tranquillité et le repos dans l'intérieur ; leur plan nous est connu. Ce n'est pas sur les hordes d'esclaves qu'ils traînent après eux, qu'ils comptent pour nous asservir ; mais sur nos divisions intérieures. Voyez leur conduite en Italie, par-tout le fanatisme les a précédés, en arborant l'étendard de la révolte, et armant ses séides de poignards pour assassiner au nom du Ciel. Secouant de tous côtés les torches de la guerre civile, ils ont forcé les peuples à se déchirer de leurs propres mains et à forger eux-mêmes leurs chaînes. La discorde, l'imposture, l'impression d'anciens préjugés, la crainte, le brigandage, l'impunité de tous les crimes, et l'espoir du pillage; ils mettent tout en œuvre pour livrer les peuples aux horreurs de la guerre civile. C'est ainsi qu'ils préparent leurs conquêtes; et lorsque l'embrâsement est général, ils paraissent pour seconder les malheureux qu'ils ont aveuglés, et qui bientôt seront à leur tour leurs victimes.

Déjà leurs émissaires commencent à se répandre dans l'intérieur; tantôt semant l'alarme et la crainte dans les ames faibles; tantôt cherchant par des assurances de modération, de clémence et d'amitié, de la part de nos ennemis, à endormir, dans une fausse sécurité, ceux dont le courage pourrait faire face aux dangers. Insensés qui vous laissez séduire par un piège aussi grossier, jettez les yeux sur ce tombeau, et voyez ce que vous devez attendre de ceux qui ont foulé aux pieds toutes les lois divines et humaines, pour commettre le plus abominables des assassinats.

Ils redoutent le courage de cette jeunesse républicaine, qui vient s'enrôler sous les drapeaux de la Patrie; ils s'agitent en tout sens, pour les faire désobéir à la loi qui les appele aux combats.

Ils essaient d'organiser de nouveau le massacre des patriotes; et déjà leurs sicaires aiguisent leurs poignards.

Ils disent aux fanatiques, qu'ils ne sont armés que pour rétablir le culte de nos pères. Quoi, des Tartares sont venus des confins de la Sibérie, pour rétablir un culte qu'ils détestent! Quoi, l'Angleterre, le schismatique Empereur des Russes, le Turc se battent pour le Pape de Rome ! Quel être est assez stupide peut se prêter à une pareille opinion ?

Cependant les exécrables émigrés comptent sur ces moyens, pour rétablir le royalisme. Les prêtres réfractaires, pour rappeler le règne de l'imposture. C'est sur les cadavres des Français qu'ils veulent reconstruire les autels de leur Dieu, qu'ils appelent Dieu de paix et de douceur. Nos ennemis attendent l'embrasement pour se montrer ; c'est sur nos divisions intérieures et sur la guerre civile qu'ils ont fondé leurs affreux projets. Mais ces funestes avant-coureurs ne paraîtront point parmi nous ; leur espoir sera déçu. Les Républicains sont debout ; les Autorités constituées veillent à la tranquilité publique, elle ne sera pas troublée. Non vipères du royalisme et du fanatisme, vous ne déchirerez pas votre Patrie ; nous sommes tous ici solidaires pour la défendre et la venger ; nous ne faisons qu'un faisceau, et vous ne le romprez jamais.

La loi nous ordonne de placer dans tous les endroits publics une inscription qui atteste le crime de l'Autriche ; eh ! que le Directoire seconde le courage des Républicains, et j'en jure par la Liberté ; c'est à Vienne même qu'ils la placeront.

Là ils éleveront un monument qui attestera le crime et la punition. Mânes de Roberjot et Bonnier ; c'est-là la seule vengeance digne de vous ; ce sont les seuls devoirs funèbres que vous devez attendre des Républicains ; c'est-là qu'ils iront donner la paix au monde, et tarir les pleurs de l'humanité.

Chambéry, chez GORRIN, père et fils, Imprimeurs du Département.

www.ingramcontent.com/pod-product-compliance
Lightning Source LLC
Chambersburg PA
CBHW060933050426
42453CB00010B/1986